HERBERT BROKERING

Meu Cão, Minha Oração

EDITORA
IDEIAS & LETRAS

DIREÇÃO EDITORIAL:
Marcelo C. Araújo

COMIÇÃO EDITORIAL:
Avelino Grassi
Márcio F. dos Anjos

TRADUÇÃO:
Alessandra Fernandes

COORDENAÇÃO EDITORIAL:
Ana Lúcia de Castro Leite

COPIDESQUE:
Leila Cristina Dinis Fernandes

REVISÃO:
Lígia Maria Leite de Assis

PROJETO GRAFICO E DIAGRAMAÇÃO:
Simone Godoy

CAPA:
Junior Santos

FOTOS:
Denílson Luís, Vera de Souza e Simone Godoy

Título original: *Dog psalms: Prayers my dogs have taught me*
Copyright © 2004 Herbert Brokering
Augsburg Fortress, Publishers, P.O. Box 1209, Minneapolis
ISBN 0-8066-5160-1
Todos os direitos em língua portuguesa, para o Brasil, reservados à Editora Ideias & Letras, 2016.
6ª impressão.

Rua Tanabi, 56
Água Branca
CEP 05002-010 - São Paulo - SP
(11) 3675-1319 (11) 3862-4831
Televendas: 0800 777 6004
www.ideiaseletras.com.br

Dados Internacionais de Catalogação na Publicação (CIP)
(Câmara Brasileira do Livro, SP, Brasil)

Meu cão, minha oração / Herbert Brokering;
(tradução Alessandra Fernandes). Aparecida-SP: Ideias & Letras, 2008.

Título original: *Dog psalms: prayers my dogs have taught me.*

ISBN 978-85-7698-001-8

1. Comprometimento (Psicologia) 2. Confiança (Psicologia)
3. Donos de cães - Orações e devoções 4. Fidelidade 5. Perdão I. Título.

08-00655   CDD-242

Índices para catálogo sistemático:

1. Donos de cães: Orações e devoções: Utilização das qualidades caninas: Cristianismo 242

Dedicado aos cães
que me ajudaram a orar:

Rex
Tippy
Peggy Ann
Scamper
Spitz
Bruno
Millie
Blaise

Introdução

Na minha vida, conheço os cães do mesmo jeito que conheço pessoas e gatos, árvores e paisagens. Os cães estão em minha paisagem mental e ajudam a moldar meus pensamentos, sentimentos e vida de oração. Os cães me ensinaram qualidades que sinto em mim mesmo quando reflito e quando oro.

Os cães me mostraram o espírito de ser leal, grato, submisso, protetor, comprometido, vigilante, paciente, dócil, enérgico, o espírito de discernir e perdoar. Descobrindo e conhecendo essas qualidades da vida canina, abro meu próprio ser espiritual. Meu relacionamento com os cães reflete meu relacionamento com Deus. O título deste livro poderia ter sido *Deus, eu sou um cão*.

Em *Meu Cão, Minha Oração*, o leitor pode usar as qualidades caninas para falar com Deus. É uma conexão natural. Tal como um cão, eu também espero e vigio. Esperar e vigiar é um poder silencioso, um dom em mim. Espero aquilo que quero, aquilo pelo que tenho esperança, aquilo que desejo e de que necessito. Espero pelo que está próximo, pela companhia que vai chegar, por uma voz ao telefone, por uma palavra do médico Eu vigio aqueles que estão longe.

Deus, eu oro enquanto espero e vigio. Tu me deste o dom do tempo. Tu me disseste mais tarde, amanhã, no ano que vem, mais tarde, mais tarde, mais tarde. Tu és meu dono.

Quem são os cães que eu mais conheci?

Primeiro, o Rex, que se deitava comigo ao sol, perto da porta do celeiro do nosso presbitério na zona rural de Nebraska. Os pensamentos de Rex eram os meus pensamentos, o seu jeito era o meu jeito. Eu conhecia cada pulga de seu corpo, setenta anos atrás, e eu cuidava dele como minha mãe cuidava de mim.

Tippy e Peggy Ann, terriers malhadas, eram mãe e filha. Eu as enfeitava com coleiras e acessórios. Elas ficavam em meu circo caseiro, sob uma tenda onde eu geralmente ficava sozinho, observando, maravilhado, pasmo. Isto aconteceu antes do advento das comidas para cães; Tippy e Peggy Ann comiam os melhores restos de nossa mesa. Eu fazia mingau para elas, feito de comida moída, e queria que elas gostassem tanto de aveia quanto eu.

Havia pontos altos: nascimentos, filhotes correndo; havia pontos baixos: dar os filhotes, dizer adeus, enterrar os cães. Então veio a vida na cidade, e novos cachorros vindos de canis, especialmente Scamper, um spaniel japonês que veio de Louisiana. Eu experimentei o espírito da alegria, da sabedoria, da melancolia, da fidelidade e da adoração em cada novo membro da família.

Schnappsie, um daschshund em Detroit, ensinou-me a relaxar, a me agitar, a receber, a me aconchegar, a me espreguiçar, a dormir. Um spitz branco, no presbitério de Haeckel, ensinou-me que os cães mordiscam, latem, protegem e dizem: "Isto é meu", da mesma forma que eu e meus irmãos fazíamos em casa. Eu via Spitz e ele me via.

Voltar à casa da família Cronick, em Byron, Nebraska, era um ponto alto. Havia o latido de Bruno, um terra-nova, cuja voz soava como um eco pelos Alpes suíços. Cada visita despertava em mim um sonho de ser um cão de resgate nas montanhas, buscando pessoas desaparecidas e levando-lhes comida e água em minha coleira.

Millie é uma cadela que hoje visita hospitais e lares, andando pelos corredores, cumprimentando as pessoas em cadeiras de roda ou camas. Ela usa fitas e chapéus e ajuda as pessoas a sorrir – aquelas que geralmente não riem mais. Alguns dizem que ela é um anjo, outros dizem que é um "ministro". Millie acha que é Deus.

Meu Cão, Minha Oração trata sobre aquilo que os amantes dos cães já aprenderam observando seu melhor amigo deitado a seus pés. Esses professores agitam-se e abanam o rabo, aconchegam-se, pegam gravetos, imploram, dependem dos outros para viver e trocam qualquer coisa pelo comprometimento de uma vida inteira de confiança e amor.

Meu Cão, Minha Oração também trata do espírito humano, o seu e o meu. As leituras servem para nos ajudar a falar em voz alta com nosso Dono. Nós nos agitamos, guardamos, esperamos, damos, temos esperança, caçamos, cavamos, rosnamos, perdoamos, pedimos, nos perdemos, ganimos, pulamos, xeretamos, nos aninhamos, cutucamos, arfamos, fazemos charme para conseguir algo, curamos. E nosso Dono nos vigia e nos ama através de tudo isso.

Herbert Brokering

Eu Confio

Eu sou um cão. Eu sou leal.

Sua confiança é em mim. Você me ajuda a aumentar a minha confiança. Cada vez mais, pertencemos um ao outro. Eu lhe prometo fidelidade, assim como você é fiel a mim. Quando você dobra a sua confiança em mim, eu triplico a minha em você. Eu me apoio em você quando não posso contar apenas comigo. Quando precisar, vou ampará-lo. Estou disposto a ajudar e a ser ajudado.

A sua confiança aumenta a minha lealdade. Dependo da sua fidedignidade. A confiança foi plantada em mim há muito tempo, no ventre. A nossa confiança não vai ter fim. Eu dependo da sua gentileza para ter uma vida boa. Eu sou um cão e sou leal. Eu preciso da sua fé para a minha fé existir.

Deus,

Tu me deste a tua confiança. A lealdade está em mim. Eu sou teu como és meu. Em uma tempestade, conto contigo e tu me amparas. Tu és minha âncora; na dúvida, és minha esperança. Não existe entre nós uma linha divisória clara. Tu me circundas e estás dentro de mim. Tu estás ao meu lado, e acima e abaixo de mim. Tua confiança me dá fé.

Eu Me Agito

Eu sou um cão. Eu amo você. Todo o meu ser lhe mostra minha afeição. Com os olhos e os lábios, as patas e a língua, eu amo você. Do fundo do meu ser, acredito que você também me ame. Eu me agito e abano o rabo, e pulo e subo, e me jogo aos seus pés, para que você me ame. Sou um cão. Eu me sinto inocente mesmo depois de ter sido provada a minha culpa. Amo você incondicionalmente, acreditando que você me ame igual. As marés dos oceanos estão em mim. Eu me agito ao pular as ondas, ao ouvir os chamados de amor das antigas florestas, ao sentir o beijo de uma réstia de vento. Tenho um espírito que flui através dos tempos.

Deus,

Meu espírito se agita em mim. Danço, em meu coração, quando te sinto perto. Não consigo manter quietos os meus sentimentos. Teu espírito flui através de mim como uma correnteza viva, um ritmo lento, e contigo eu sou jovem. Tu me manténs vivo com a bondade da terra e do céu. Tu descobres o bem em mim. Tu me moves com tua alegria.

Eu Peço

Eu sou um cão. Meus olhos, às vezes, olham para bem longe, buscam céus, varrem o horizonte.

Meus olhos, às vezes, olham para você, dentro de você, através de você. Com meus olhos, peço. Meus olhos encontram os seus e prendem você, fixam você, questionam e capturam você. Meu coração envolve o seu, para que você entenda o que preciso, o que quero, o que espero. Então, estou no seu coração. Posso enxergar o seu espírito. O profundo silêncio em meus olhos é mais forte que meu latido. Posso mergulhar meus olhos nos seus até encontrarmos lágrimas. Posso suplicar, pedir tanto até, enfim, convencê-lo. Nós nos prendemos por nossos olhos.

Deus,

Tu me vês suplicar com todo o meu coração. Eu imploro e não desisto. Eu quero, desejo, espero frente a ti. Não tenho medida ao pedir favores. Eu me enterro em ti, enquanto tu me sustentas em teus olhos. Fixo meus pensamentos em ti até que tu me captures, me aquietes, me silencies. Teu toque e teu silêncio amoroso me mantêm tranquilo.

Eu Pulo

Eu sou um cão. Posso inundar-me de emoções, encher-me de súbita alegria.

Tremo de afeição quando você chega mais cedo em casa. Se estou dormindo quando você chega, eu me espreguiço, pulo, apresso-me, sinto-me mais acordado do que nunca. Meu corpo se enche de força. Estou pronto para ir; corro, pulo, nado. Às vezes, eu me assoberbo. Posso ficar tão assoberbado que pulo em você, acreditando que você vá me pegar, me abraçar, me acariciar, me amar. Quando você me surpreende, posso correr em sua direção tão rápido como nunca, mesmo sem tentar. Eu sou um cão e me sinto assoberbado. Perco o controle sobre o espírito da minha completude.

Deus,

Meu espírito corre em círculos. Às vezes voo, escalo, fujo. Eu vou para lugares além da minha vida cotidiana. Eu me elevo até lugares a que as águias não podem chegar. Travo corridas rá-pidas demais até para corredores. Vejo belezas que nunca foram pintadas; ouço harmonias nunca compostas. Sou uma criança e dou pulos em meu coração. Tu enches minha vida até as bordas.

Eu Guardo

Eu sou um cão. Eu protejo.

Eu sei o que é meu e o que é seu. Se isso é seu, é como se fosse meu, e eu o guardarei com meu latido, minha mordida, meu rosnado, comigo mesmo. Protegerei com todo o meu ser aquilo que eu valorizo. Meu pelo se eriça, meu corpo se enrijece, minhas patas se alongam e se fortalecem, meus olhos se fixam no que creio ser o inimigo. Eu julgarei a distância entre mim e o inimigo; meu latido ditará a barreira que eu determinar. Se o inimigo passar do limite, darei saltos, como em uma dança de guerra, para assustar. A dança também me vai fazer sentir seguro. Darei a minha vida por aquilo em que acredito de verdade. Eu sou um cão. Eu protejo.

Deus,

Eu me mantenho em guarda. Digo o que é meu e coloco uma cerca ao redor. Protejo o que me é precioso. Para guardá-lo e mantê-lo a salvo, levanto minha voz para me fazer maior do que sou. Estudo barreiras que mantenham a salvo o que me é especial. Mostra-me a fonte de toda a minha força. Relembra-me de quem me guarda, de quem me vê como algo precioso. Então, ensina-me como devo defender.

Eu Me Comprometo

Eu sou um cão. Eu acredito no amor incondicional.

Eu não me conformo com uma paixão passageira, com um amor de filhote. Acredito no amor verdadeiro até o fim. Eu sou alguém que ama por toda uma vida, alguém que vai deitar aos seus pés, na cama, do lado da sua cadeira, do seu lado. Eu sou um cão. Insisto no seu amor. Fico do lado do túmulo do meu amor até o fim. Acredito em comprometimento. Desde quando escolhemos um ao outro, estarei aqui para você, com muito a lhe dar. Do meu coração fluem vida e amor. Você enche minha vida de abundância, e eu estou completo.

Amor incondicional é o maior dos dons. Eu estou comprometido com o amor.

Deus,

Tu me deste teu amor antes de eu te conhecer. Tu não voltas atrás nem brincas comigo em relação ao que me dás. Estou aprendendo sobre a força do teu amor incondicional. Tu me mostraste teu comprometimento por toda a minha vida; tu te comprometeste comigo para além desta vida. Tu me prometeste um amor que eu não posso compreender. Tu me tornaste uma pessoa comprometida, que crê no comprometimento.

Eu Vigio

Eu sou um cão. Eu sou vigilante.

Vigio com meus olhos fechados. Estou acordado enquanto durmo. Se o quarto é nosso, eu o manterei a salvo. Se o jardim é nosso, eu vigiarei os quatro cantos. Às vezes a minha vigilância é maior do que o peso do meu corpo, mais ágil do que o meu salto. Mas estou ali, e estar ali também é meu jeito de vigiar. Eu não fujo facilmente. Um rosnado, e o inimigo teme. Um movimento – e o inimigo recua. Mostro meus dentes, e o inimigo tem certeza de que vou morder. Levanto minha cabeça, eu me levanto; o inimigo foge, correndo. Eu sou vigor, pronto para provar minha força. Eu sou um cão. Eu me levanto rapidamente, vigilante. Eu vigiarei você até em meu descanso.

Deus,

Estou vigilante mesmo quando meus olhos estão fechados. Ouço mesmo quando não há som. Olho, quando não há nada à vista. Fico de olho, contigo. Eu me levanto rapidamente quando é preciso e me apresso para ajudar, mesmo sem ser chamado. Eu sou vigilante, pronto para ficar ou fugir. Corro no escuro, e sei onde encontrar ajuda. Tu não me deixas sozinho. Estou pronto para ir, por ti sempre estarei aqui.

Eu Espero

Eu sou um cão. Eu sou paciente.

Posso aprender a esperar. Eu não prefiro esperar em uma grande fila; quero ser o único cão esperando. Se você estiver chegando, eu esperarei, respirando ofegante, meio sonhando, totalmente ansioso. Porque você me ama, vivo para você todo o instante. Enterro meus anseios bem fundo, eu os escondo em minha insônia. Eu me mexo, me remexo e espero até que você esteja aqui. Às vezes espero por você enquanto canto, às vezes enquanto choramingo ou uivo, querendo-o com todo o meu coração. Posso esperar em voz alta ou de forma suave. Posso esperar durante longas vigílias noturnas. Esperarei sem fim, se eu souber que sou querido. Eu sou um cão disposto, paciente. A espera me prepara para a sua presença.

Deus,

Tu me deste o dom da espera. Como uma criança, espero com todo o meu corpo, mente e alma. Espero pelas estações, elas vão; espero por outra, ela vem. Espero que dias raiem, noites escureçam, sementes brotem, frutas caiam. Enquanto espero, eu aprendo o dom da paciência e a alegria da surpresa. Enquanto espero, eu me descubro em tua presença. Eu te espero, e na espera eu vejo que estás aqui, esperando.

Eu Dou

Eu sou um cão. Eu sou gentil.

Quando você chega à nossa casa, eu lhe dou toda a minha atenção. Eu lhe darei meu lugar, meu tempo, todo o meu dia, eu mesmo. Enquanto você se restabelece, eu o conforto, lambo sua mão, fico quietinho, fico perto de você. Se você precisar, eu lhe darei de presente uma vigília noturna. Ficarei feliz se você estiver feliz, correrei quando você correr, saltarei quando você saltar.

Quero estar com você, ver sua risada, sentir sua gentileza. Quando você me dá em abundância, eu quero agradecer. Veja como eu devoro a comida que você me dá, tomo a água geladinha, vou correndo antes de você terminar de chamar meu nome? Quero que você testemunhe meus atos de gentileza. Minha palavra mais gentil está naquilo que faço.

Deus,

Sou grato pela maravilha de dar. Conheço a sensação de dividir um biscoito em dois para compartilhá-lo, de embrulhar uma coisa comum com um laço de fita, de segurar nas mãos uma boa história como se fosse um legado, de dividir meu tempo com outro alguém. Tua amorosa gentileza está em mim, e eu terei atos de misericórdia que não planejo. O teu dar está tornando-se um hábito em mim. Estou aprendendo gentileza.

Eu Tenho Esperança

Eu sou um cão. Espero um agrado.

Não é que sempre o mereça, mas espero um agrado, um abraço, um carinho, uma palavra doce, um cumprimento. Espero que você me trate como o cachorro que realmente sou, o cachorro dentro de mim é até maior do que aquele que as pessoas conhecem. O cão dentro de mim é mais leal, mais vigilante muito mais brincalhão do que algumas pessoas têm visto de mim. Você me faz sentir que mereço um agrado; você é quem me mima, me satisfaz, me faz ter expectativas e esperanças. Você me ensinou a esperar por uma recompensa justa. Você quer me dar algo especial. Recebo mais e mais. Estou cheio de esperança, dos pés à cabeça.

Deus,

O dom da esperança está construído no meu mundo. Existem caminhos e janelas e portas abertas para o que está chegando. Tu me ensinaste a esperar e desejar, e pedir e ter esperança. Tu me dás mais e mais e mais, então eu sei que existe mais e mais. A esperança está no fim de cada noite e de cada dia, de cada estação e cada lugar. Assim como uma flor está na semente, tua esperança está guardada em mim. Descobre a esperança em mim.

Eu Rio

Eu sou um cão. Estou pronto para ficar feliz.

Sou designado a abanar o rabo, a sorrir, rir, ter alegria radiante. Um olhar, um toque, um petisco, um assovio, e eu sinto o bem fluir em mim. Leve-me para uma caminhada ou corrida, proteja-me do frio, esteja junto a mim, brinque comigo, e eu ficarei feliz. Posso mostrar minha alegria com um arrepio, os olhinhos fechados, um só latido. Aqueles que me amam sabem o momento em que me destaco, arreganho os dentes, rio alto. Posso guardar minha alegria, mantê-la dentro de mim; ela pode explodir, derrubar você. Uma pequena palavra, uma piscadinha, um abraço pode manter-me feliz o dia inteiro. Fico feliz com pequenas coisas. Dentro de mim existe um sentimento esperando para rir.

Deus,

Tu nos fazes rir. A criação é cheia de alegria. O mar e a terra e os céus regozijam. Nós contraímos um humor que existe na terra, e então rimos e fazemos piada e ficamos contentes. Piscamos e sorrimos, e assoviamos, e nos dobramos de rir. Existe uma alegria dentro de nós que não se contém. A diversão irrompe; gritos e latidos, e miados, e chilreios explodem. Tu nos dás comédias e cânticos, desfiles e celebrações. Tu criaste a vida com um grande senso de humor.

Eu Caço

Eu sou um cão. Eu nasci para caçar.

Farejo o chão, o ar, o vento, o conhecido, o novo. Olho o horizonte, o mato, as folhas para conhecer seus movimentos. Sou um predador de coelhos, esquilos, guaxinins, patos, abelhas ou pedaços de comida em cima da mesa. Caço o que está perto e o que algum dia vou encontrar, adormecido como uma recompensa futura em minha estirpe.

Rastreio sons que você não pode ouvir, cheiros que não pode sentir, visões que são pontinhos no céu. Seguirei a trilha por quilômetros. Nasci selvagem, mas fui treinado e criado para dominar isso. Estou sempre na caçada. Eu sigo a bússola que tenho dentro de mim. Eu sou um cão. Conheço meu alvo.

Deus,

Eu caço o que nunca encontro. Procuro o que nunca vejo. Sou ativo, sempre procurando, cavando, descobrindo. Tu me levas aonde eu nunca fui, e eu volto a lugares como se nunca os tivesse visto antes. Meu mundo permanece novo; há um panorama à minha frente, e logo outro. Chego a um horizonte e o próximo aparece. Dentro de mim existe um olho que precisa procurar e encontrar o que está escondido na minha frente.

Eu Persigo

Eu sou um cão. Eu persigo. Persigo para pegar, para ganhar, para conquistar. Meu olho não abandona a perseguição. Vou girar, pular, escalar, cavar, correr na perseguição. Fui feito para perseguir. Persigo para brincar. Vou atrás de bolas no ar, mergulho atrás de gravetos na água profunda, giro e voo para capturar discos. Se ninguém jogar para mim, eu persigo meu rabo, minha sombra. Mordisco o vento, uma folha de outono que cai, a neve voando. Mas persigo melhor com um amigo, uma plateia, alguém vibrando, gritando meu nome. Eles sabem que estou perseguindo, perseguindo, perseguindo. Eu sou um cão. Eu tenho objetivos para conquistar.

Deus,

Meu espírito está em uma perseguição. Corro pelos campos no vento de outono, sigo nuvens que se movem rapidamente, consigo pegar um floco de neve que dança, olho para cima, para pássaros que migram, e sigo uma folha que cai até o chão. Existem caminhos que percorro para encontrar um sol nascente, ruas que ando para encontrar os mesmos amigos, orações que digo a cada dia, e palavras que leio de novo e de novo, e de novo. Persigo rotas novas e antigas, e sei quando apanho o que estou caçando. O que eu mais persigo foi escolha minha.

Eu Cavo

Eu sou um cão. Sou cheio de curiosidade.

Quero conhecer o que não é da minha conta. Eu cavo. Eu me arrasto sobre as folhas, eu me enfio em uma caixa de brinquedos e desenterro com o focinho alguns farrapos só para descobrir o espírito do que não está ali. Sem nenhuma desculpa, cavo um pequeno buraco na terra onde não existe nem um rato, nem um passarinho, nem um esquilo se escondendo. Tenho vontade de descobrir o que já se foi há muito tempo, de farejar. Com minhas patas, posso brincar de mais maneiras com uma aranha do que Picasso poderia fazer com um pincel. Quando algo está fora do alcance, sou subjugado por um espírito de desejo. Retorno de novo e de novo, e de novo, até que minha curiosidade seja satisfeita. Minha necessidade de buscar e encontrar é inexorável. Eu tenho um espírito investigador.

Deus,

Eu cavo. Quero saber. Tu me fizeste curioso. Quero aprender mais. Quero conhecer o céu de cor, conhecer os planetas pelo nome e apontá-los aos meus amigos. Quero aprender outra língua para ouvir os pensamentos de outras pessoas. Obrigado por aqueles que descobrem o que há muito tempo desapareceu, e que precisamos saber. Dá-me a mente de ficar com coisas que são importantes, para que eu possa descobrir seu significado e sua beleza.

Eu Rosno

Eu sou um cão. Eu rosno. Rosno para possuir, para proteger, para afastar, para ter. Rosnar é o meu ato de diplomacia. É o meu aviso, meu primeiro sinal de perigo adiante, minha boa vontade. Rosno para parar o confronto e não ter de morder. Meu rosnado é maior do que minha raiva. Com isso, eu crio a distância de que preciso entre nós. O rosnado geralmente é meu limite em matéria de dano e defesa. Depois de rosnar, sou conhecido por fugir, me esquivar, me esconder ou abanar o rabo, como abordagem alternativa. Ao rosnar, eu testo o perigo, estimo o prejuízo, estabeleço uma conexão com o inimigo ou amigo. É no rosnado que examino. Eu sou um diplomata, meço o respeito, zelo pela paz. Eu sou um embaixador da boa vontade.

Deus,

Eu rosno. Rosno para afastar o perigo; meu rosnado é um escudo à minha volta. Rosno para criar uma distância que me deixa seguro. Meu rosnado me dá um pouco de tempo para entender o que devo fazer a seguir. Não quero a luta; quero a paz. Move-me rapidamente do rosnado para a graça; transforma meu confronto em boa vontade. Faz de mim um embaixador da compreensão.

Eu Brilho

Eu sou um cão. Eu sou criado.

Minha linhagem é celebrada. Sou conhecido por meus dentes, chamados por um nome latino. As pessoas estudam o meu pedigree, comparam-me com meus ancestrais, consideram meus descendentes. Posso ter uma linhagem que começa na China ou na Alemanha. Posso ser famoso por misturas que algumas pessoas chamam de vira-lata. Criancinhas nas escolas colorem figuras do meu tipo, publicadas em livros. Pareço com as raças que vieram antes de mim. Porém, se me destaco, sou premiado. Eu sou criado conforme meu próprio tipo. Na minha família existem características desejadas pelos caçadores, amadas pelas crianças, compradas pelos pastores, treinadas pela polícia. Sou feito para ser impetuoso, recatado, tímido, ativo, suave, forte, doce. Tenho um molde que não se quebra facilmente. Eu sou um cão. Tenho uma linhagem. Meu caráter é formado para a grandeza.

Deus,

Tenho um pedigree. Tenho valor. Eu sou alguém. As pessoas me conhecem de certa forma. Porém, não sou igual a ninguém. Há uma linhagem que possuo que é a minha própria linhagem. Minhas características me qualificam para uma vida inteira de trabalho. As pessoas me querem pelo que sou, pelo que sinto e como ajo, pelo que sou capaz de fazer. Desabrocha em mim a linhagem que herdei e que me faz especial. Ajuda-me a ser o que tenho de ser. Sou feliz por ter a minha vida.

Eu Trabalho

Eu sou um cão. Trabalhar é minha natureza.

Posso guardar propriedades, guiar ovelhas, atacar os inimigos, encontrar meliantes, apontar o inimigo, atravessar aros. Eu sou bom no que faço. Sou feliz quando visito os doentes, indo dos mais velhos até os mais novos, abanando o rabo, aconchegando-me, batendo papo, ganhando prêmios. Vivo para puxar trenós em meio à neve, encurralar ovelhas desgarradas nos vales, encontrando sobreviventes sob destroços. Minha natureza é trabalhar. Você me reconhecerá pelo meu bom trabalho. Eu sou digno do meu pão.

> **Deus,**
>
> Há coisas a se fazer no mundo, e eu vou fazer parte do trabalho. Há muito a carregar, fardos a serem transportados, doentes a serem curados, rios a serem cruzados. Eis me aqui; eu sou digno do meu pão. Há perdidos a encontrar, corridas a ganhar, pessoas a animar, pobres a alimentar. Há coisas a se fazer no mundo; parte do trabalho é minha. Mostra-me o trabalho que sou capaz de fazer. Guia-me quando eu me prontificar.

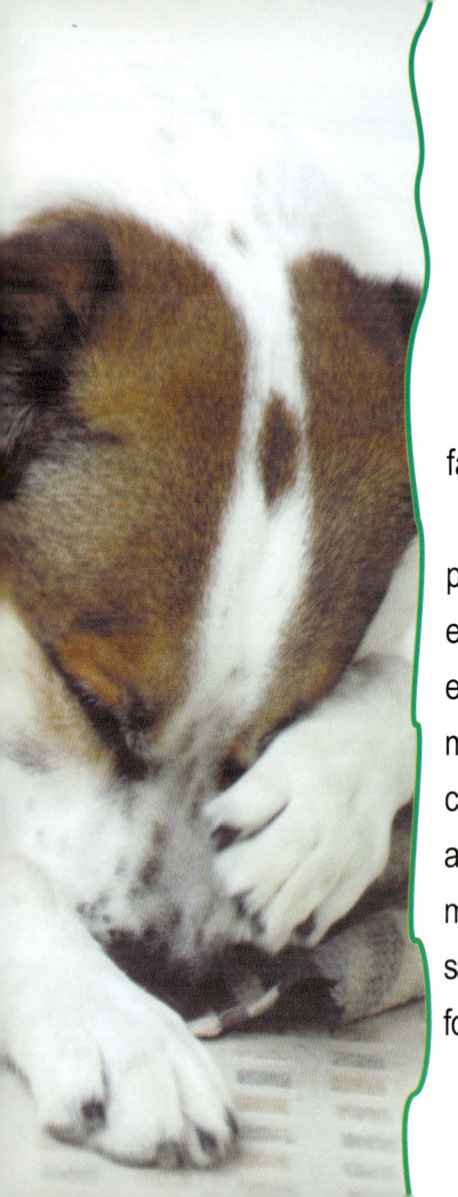

Eu Sinto Sua Falta

Eu sou um cão. Eu sinto sua falta.

Se você fica longe por muito tempo, fico cada vez com menos energia e perco meu brilho. Eu me sinto todo emaranhado por dentro. Quando finalmente o vejo, corro para encontrá-lo, corro mais da metade do caminho. Eu atordoo você com meus sinais para mostrar quanta saudade senti. Sentir saudades de você acumula em mim uma força que explode em sua presença ça. Se eu sou velho, ajo como um jovem, de novo. Se estou ferido, não sinto dor. Se estou fraco, fico forte de novo. Enquanto sinto saudades de você, eu me preparo para lhe dar tudo o que sou, de uma só vez. Sinto sua falta do mesmo jeito que penso que você sente a minha. Não pergunto quanta saudade você sente de mim, mas acredito no tanto que você sente de mim.

Deus,

Eu quero alguém. Sinto falta das pessoas. Sinto saudades daqueles que conheci e que não verei. Sinto falta daqueles que conheço e não estão aqui. Sinto falta de algumas pessoas que nunca conheci. Sinto saudades de algumas pessoas antes mesmo de elas me deixarem. Sinto saudades de lugares que conheço de cor, cada aroma, cada árvore, cada flor, cada canto, cada fresta. Tu me fizeste com o dom de sentir saudades, de querer, de estar conectado com algo que nunca chega ao fim. Quando sinto saudades, sinto uma grande força indo embora. Espero pela sua volta, que é quando eu dançarei.

Eu Perdoo

Eu sou um cão. Perdoo sem pedir perdão.

Perdoo antes de você estar pronto a receber meu olhar, minha lambida em sua mão. Não barganho o perdão, não faço tratos. Você está perdoado, mesmo antes de machucar ou gritar, ou negligenciar, ou ignorar. Amanhã é um novo dia. Esta noite já é um novo tempo. O sol não vai pôr-se sobre minha raiva. Perdoo você porque sou seu e você é meu. Nós fizemos um acordo sem um documento firmado. Você pode tomar como uma promessa minha as palavras que não digo, a frase que não escrevo. Tome a mim como uma promessa, aquilo que sou. Eu sou um cão e perdoo. O perdão me parece certo. Não pergunto o porquê. Não vou dormir com um ressentimento.

Deus,

Eu perdoo. Não vou dormir com um ressentimento. Não carrego a raiva comigo por muito tempo, conheço a força e a paz por dentro do perdão. Acredito que o perdão enfraquece uma linha de batalha, apaga rugas do espírito, traz alívio à minha mente. Perdoo, e as correntes se quebram; o inimigo se torna um amigo, uma família relaxa, as crianças se abraçam e cantam, e brincam de novo. O perdão torna a mudança possível e faz com que um tempo de crescer e contar a verdade, os atos de bondade e reconciliação também sejam possíveis. O teu perdão está em mim.

Eu Vago

Eu sou um cão. Eu me perco. Sigo o que quero por alguns instantes, e então esqueço onde estou e o que eu procurava. Saio do caminho que seguimos todos os dias, então descubro um atalho novo. Se não consigo encontrar meu caminho de volta, você se preocupa. Você me caça. Você exibe meu nome e fotografia e oferece uma grande recompensa. Perdido, eu desmorono. Às vezes corro em círculos, freneticamente.

Compartilho da dor de estar perdido. Sinto muito por ter-me perdido, mas uma vez encontrado, posso perder-me novamente. Você sabe que posso perder-me novamente. Escutarei e ouvirei o seu chamado. Eu sou um cão. Espero ser encontrado. Longe irei para estar com você novamente.

Deus,

Tu me caças e me encontras quando estou perdido. Tu conheces cada volta que eu faço, sabes o que quero ver quando saio do caminho e sabes quando estou perdido e não consigo achar meu lar. Tu chamas meu nome, e eu ouço a tua voz. Se estou perdendo o controle, tua voz não me abandona. Tu dás o sorriso aos amados quando retorno. Então há alegria no universo e nos céus quando algo perdido é restaurado. Então como nos dás o dom de nos perder tanto?

Eu Me Aninho

Eu sou um cão. Eu me aninho.

Giro e giro para me deitar. Conheço a cesta, o tapete, o cantinho, o sofá. Transformo o lugar em que estou em meu ninho seguro. Eu me aninho como um pássaro, assegurando-me de que meu lugar está correto. Eu me aninho em um lugar de onde possa vê-lo, senti-lo próximo, ouvir sua voz, guardar você. Eu me aninho em um ritual de conforto, sabendo que agora estou em casa. Meu ninho é meu, descoberto e preparado com o tempo. É o nosso lugar. A luz é a certa, o humor é o certo, o espírito é o certo, então me deito para descansar. Eu me aninho, e tudo à minha volta tem certa paz. Eu giro e me deito, entro em sua presença. Aqui é o nosso lugar.

Deus,

Conheço meu lugar de descanso. É o nosso lugar, onde eu te ouço melhor, onde tu estás próximo, e eu estou seguro. Tu me dás lugares que são o meu lar, em que o meu espírito é o certo, a mente é a certa, o humor é o certo. Tu me vês girar para este lado, para aquele lado, para dentro, para fora, até eu achar o lugar para me aninhar. Em todos os sons e visões em volta e dentro, tu me mostras onde ficar para encontrar tua presença. Obrigado por nossos lugares tranquilos, eles são sagrados.

Eu Me Aconchego

Eu sou um cão. Eu me aconchego.

Chego perto. Eu me aconchego no seu corpo, sob seus braços, no seu colo, entre seus pés. Eu me aconchego na sua cama, dentro dos seus olhos, na sua presença; eu me aconchego na sua voz, na sua poltrona favorita. Eu me enrolo em volta do seu coração. Sou criado para estar perto de você, com você, ser seu. Posso aconchegar-me para que sejamos como um. Quando me movo, você se move. Durmo quando você dorme. Você acorda quando eu acordo. Você se espreguiça, eu me espreguiço, me aconchego para estar perto quando estamos longe um do outro. Você está mais perto do que longe. Sinto você se aconchegando quando está longe. Eu sou muito amado.

Deus,

Eu me aconchego. Chego perto, fico próximo, aprofundo-me na tua presença. Procuro tuas palavras que me fazem seguro, me mantêm próximo, me amam. Procuro teu coração em todas as palavras e histórias. Quero a tua presença enrolada em mim. Tu me mostras teu caminho, e eu quero andar nesse caminho. Quando vejo a distância em que o universo se espalha, quero estar perto. Quero estar sob teus braços, em tuas mãos e a teus pés. Tu estás mais perto do que longe.

Eu Blefo

Eu sou um cão. Blefo e sou bom nisso.

Posso ser pequeno, mas posso fazer com que meu latido seja bem maior do que minha mordida. A situação determina o tamanho do meu blefe. Blefo para conseguir atenção. Blefo como uma primeira linha de defesa. Geralmente sou melhor na defesa do que na luta. Uso o blefe para falar com estranhos, para saber por que eles vieram, se eles podem ser confiáveis. Um blefe é como um buraquinho em uma porta, uma corrente de segurança antes de eu abrir por completo. Um cachorro gosta de saber quem está pedindo para entrar. Se blefo para as mesmas pessoas vez após outra, elas não vão acreditar em mim. Não blefo para quem mais confio. Eu sou um cão. Eu sou honesto. Preciso da verdade para me libertar.

Deus,

Eu blefo. Meu latido é maior do que minha mordida. Meu blefe é a forma com que negocio. Meu espírito entra em guarda. Meu espírito pesa a minha força na presença do que é novo. Sou cauteloso antes de me abrir para aquilo que nunca vi. Blefo para descobrir onde estamos, para que possamos conversar. Tu me dás as bases. Eu não mordo e não luto. Estou aprendendo a confiar.

Eu Cutuco

Eu sou um cão. Eu cutuco.

Eu olho você, querendo abundância, mais e mais, e mais. Meto meu nariz no meio das suas mãos. Sei onde empurrar, para que você sinta a força da minha cutucada. Quando a sua mão está vazia, eu não mostro desapontamento. Fico para receber o que penso que tem aí para mim. Fico para que você sinta minha esperança crescer. Cutuco para sonhar com o que mais você tem. Sei quando a cutucada é bem-vinda. Cutuco e fico, para que você me possa cutucar de volta. Geralmente, estar perto basta. A sua presença é a minha paz. Minha cutucada sou eu desejando que você me ouça. Quando você me cutuca de volta, então estou em você. Eu sou um cão. Eu cutuco, eu recebo. Estou satisfeito. Estou em paz.

Deus,

Fica perto. Tu sabes que preciso mais e mais do que tu dás. Coloco-me em tua presença até que eu sinta que tu me abraças. Procuro tuas promessas, eu me enterro em tua misericórdia e teu poder. Tu me tocas, e eu te toco de volta. Tua presença é a minha paz. Eu te cutuco, encontro a palma da tua mão, estou satisfeito. Tu estás aqui para mim.

Eu Arfo

Eu sou um cão. Eu arfo. Arfo quando o sol está quente. Arfo quando tenho de correr muito. Arfo após uma caçada atrás do que é jogado para mim. Eu, um campeão exausto, me deito a seus pés. Arfo por refresco, água fresca. Arfo, eu quero muito, eu desejo violentamente o mistério da vida. Vou até a água e bebo. Jogue-me na água de verão e eu volto até você, ensopado, balançando-me para secar. Eu sou um cão. Eu quero muito. Olho para você. Eu estou saciado. Meu coração se refresca. Minha sede é satisfeita.

Deus,

Minha alma arfa pela água da vida. Atravesso lugares desertos e tenho sede. Sinto o frescor de uma correnteza, me refresco e fico feliz. Eu me deito ao lado das águas calmas. Minha alma é restaurada. Anseio, sinto sede de uma bebida que sacie minha fome, e fico satisfeito. Na tua água, encontro vida.

Eu Curo

Eu sou um cão. Faço o bem.

As pessoas amarram uma fita em mim; elas se sentem melhor. Eu uso um suéter, uma jaqueta, uma touquinha; as crianças riem, e suas dores passam. Apanho um disco; as vozes me congratulam. Rolo; as multidões se juntam, estupefatas. As pessoas me cumprimentam com palavras que não entendo, mas sinto suas palavras. Aqueles que amo me levam para visitar pessoas que estão sozinhas. Nós andamos por corredores em um desfile de cura. Eu me aninho com os doentes, de cama em cama. Todas as idades me beijam, me olham no olho, me dizem o que não podem dizer uns aos outros. Conheço suas almas, sua dor, seu medo. Sei que latido elas precisam ouvir. Quando as pessoas me abraçam, elas ficam melhores do que nunca. Quando vou embora, as pessoas acenam. Nós abençoamos uns aos outros. Sorrio. Eu sou um cão. Estou aqui para fazer o bem.

Deus,

Tu me abençoas, então eu abençoo. Tu me fazes teu, e eu carrego tua boa vontade para dentro do mundo. Existem lugares a que vou de porta em porta, de cama em cama, de doente em doente. Trago boas novas, um sorriso, um toque, uma compreensão, uma flor, empatia. Elas ficam felizes quando chego. Nós oramos. Elas acenam quando vou embora. Mas não acabou. Elas esperam e eu volto. Fico com elas, e elas comigo, enquanto estamos longe. Tu nos dás este dom de presença real. Estou aqui para ficar bem.

Índice

Introdução – 5

Eu confio – 10

Eu me agito – 12

Eu peço – 14

Eu pulo – 16

Eu guardo – 18

Eu me comprometo – 20

Eu vigio – 22

Eu espero – 24

Eu dou – 26

Eu tenho esperança – 28

Eu rio – 30

Eu caço – 32

Eu persigo – 34

Eu cavo – 36

Eu rosno – 38

Eu brilho – 40

Eu trabalho – 42

Eu sinto sua falta – 44

Eu perdoo – 46

Eu vago – 48

Eu me aninho – 50

Eu me aconchego – 52

Eu blefo – 54

Eu cutuco – 56

Eu arfo – 58

Eu curo – 60

Esta obra foi composta em CTcP
Capa: Supremo 250g – Miolo: Couchê Brilho 115g
Impressão e acabamento
Gráfica e Editora Santuário